ORFF-SCHULWERK

Jugendmusik

Gunild Keetman

Stücke für Flöte und Trommel

ED 3625

ISMN 979-0-001-04372-4

www.schott-music.com

 SCHOTT

Mainz · London · Berlin · Madrid · New York · Paris · Prague · Tokyo · Toronto
© 1956 SCHOTT MUSIC GmbH & Co. KG, Mainz · © renewed 1984 · Printed in Germany

Die Trommelstimme ist so notiert, daß sie auf einem einfelligen Instrument, am besten Rahmentrommel, ausgeführt werden kann.

F bedeutet: Fingerschlag (Anschlag am hellerklingenden Rand des Fells)

B bedeutet: Daumenballen- und Daumenschlag (Anschlag in der dumpfer-klingenden Mitte).

Aufwärts gestielte Noten werden mit der rechten, abwärts gestielte mit der linken Hand geschlagen. Hieraus ergibt sich die Haltung der Trommel: beidhändiges Schlagen von oben.

Sämtliche Stücke sind aber auch auf Doppelfelltrommeln spielbar: Die Schläge müssen hier sinngemäß auf beide Hände verteilt werden. Nuancenreiches, klangvolles Begleiten ist unbedingt erforderlich: Die Trommel soll „sprechen und tanzen".

Genaue Anweisungen über die Trommeltypen und ihre Spielweisen siehe Wilhelm Keller „Einführung in Musik für Kinder", Edition Schott 4206.

ORFF-SCHULWERK

Jugendmusik

Gunild Keetman

Stücke für Flöte und Trommel

SCHOTT

ED 3625

Stücke für Flöte und Trommel

Gunild Keetman

4

5. **lebhaft**

Fine

D.C. al Fine

6. **rasch**

leggiero

8

10. gemächlich

Trommel

sehr lebhaft

Schellen-
trommel

11.

legato

F.

B.

12. **lebhaft**

13.

libero

12

17.

Fine

D. C. al Fine

18. Nicht zu schnell

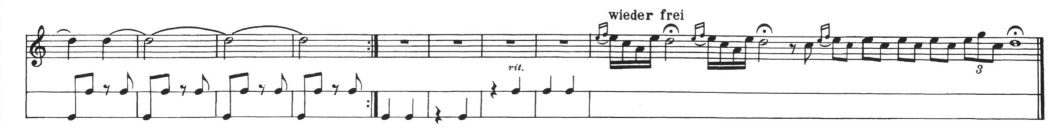

Kleine Kanons

2.

Flöte I

Flöte II

F.
Trommel B.

3.

6.

7.

10.

11.

Schott Music, Mainz 38 501

ISMN 979-0-001-04372-4 | ED 3625

DISTRIBUTED IN NORTH AND SOUTH AMERICA
EXCLUSIVELY BY
HAL LEONARD

49004215   0 73999 31695 7

ISBN 978-3-7957-9573-3 | ED 3625